Wann und wo wurde es gesagt? ______________________

Wer hat es gehört? ______

AF408394

Alter?

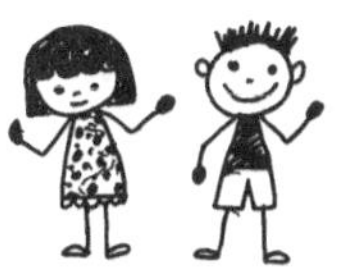

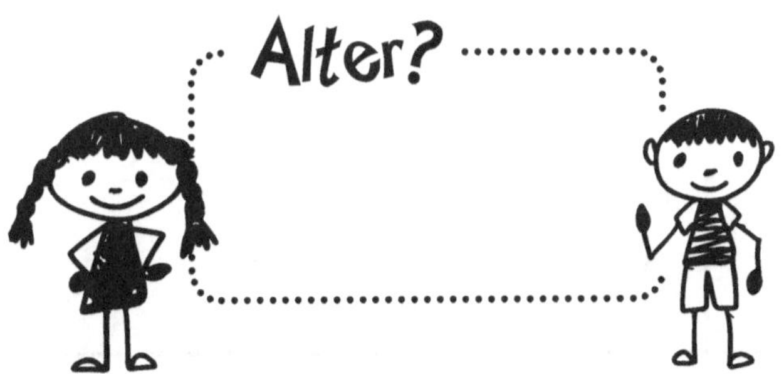

Wann und wo wurde es gesagt? _______________ Alter?

Wer hat es gehört? _______________

„

“

Wann und wo wurde es gesagt? _______________ Alter?

Wer hat es gehört? _______________

„

“

Wann und wo wurde es gesagt? _______________

Wer hat es gehört? _______________

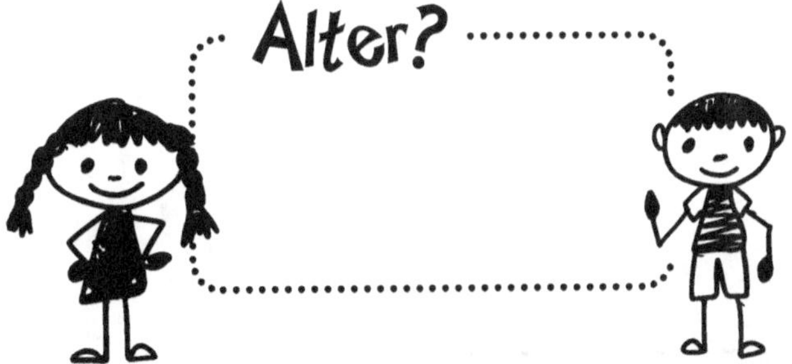

3

Wann und wo wurde es gesagt? _______________ Alter? ┈┈┈

Wer hat es gehört? _______________________

„____

____

____"

Wann und wo wurde es gesagt? _______________ Alter? ┈┈┈

Wer hat es gehört? _______________________

„____

____

____"

Wann und wo wurde es gesagt? _______________

Wer hat es gehört? _______________

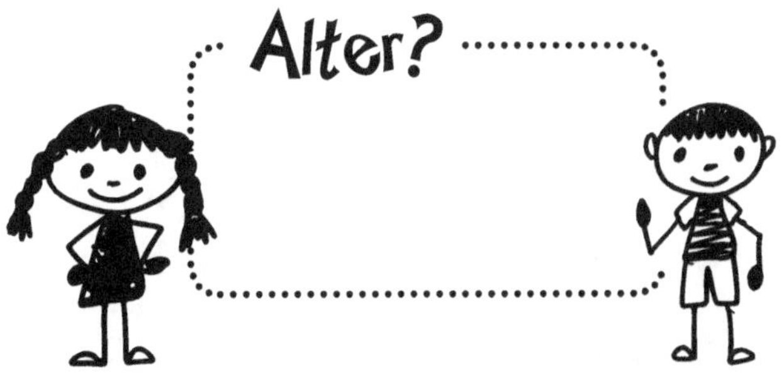

Wann und wo wurde es gesagt? _______________ Alter?

Wer hat es gehört? _____________________

,,

''

Wann und wo wurde es gesagt? _______________ Alter?

Wer hat es gehört? _____________________

,,

''

Wann und wo wurde es gesagt? ___________________________

Wer hat es gehört? ___________________________

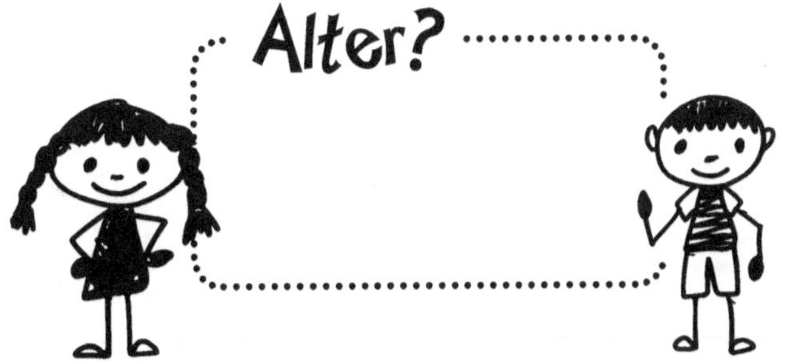

7

Wann und wo wurde es gesagt? _____________ Alter?

Wer hat es gehört? _____________

""

""

Wann und wo wurde es gesagt? _____________ Alter?

Wer hat es gehört? _____________

""

""

 Wann und wo wurde es gesagt? ___________________

Wer hat es gehört? ___________________

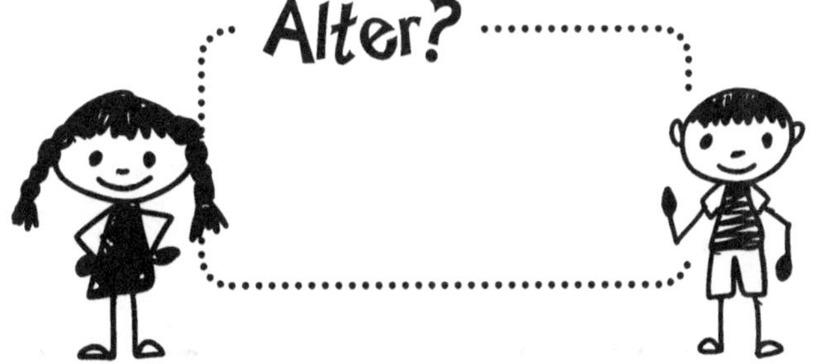

Wann und wo wurde es gesagt? _______________ Alter?

Wer hat es gehört? ___________________________

99

Wann und wo wurde es gesagt? _______________ Alter?

Wer hat es gehört? ___________________________

99

Wann und wo wurde es gesagt? _______________

Wer hat es gehört? _________________________

Alter?

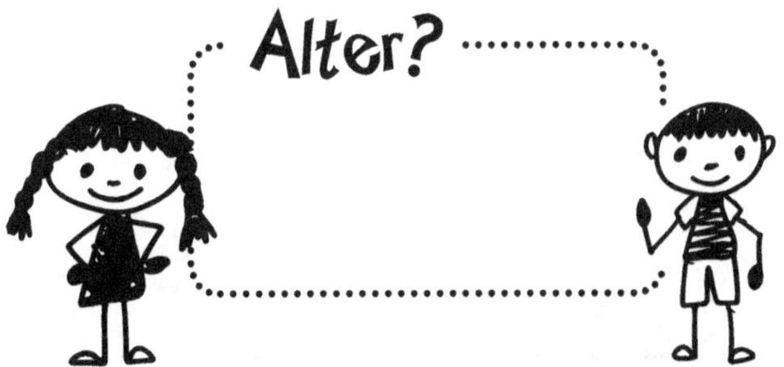

11

Wann und wo wurde es gesagt? _______________ Alter?

Wer hat es gehört? _________________________

,,

Wann und wo wurde es gesagt? _______________ Alter?

Wer hat es gehört? _________________________

,,

Wann und wo wurde es gesagt? _______________________

Wer hat es gehört? _______________________

,,

"

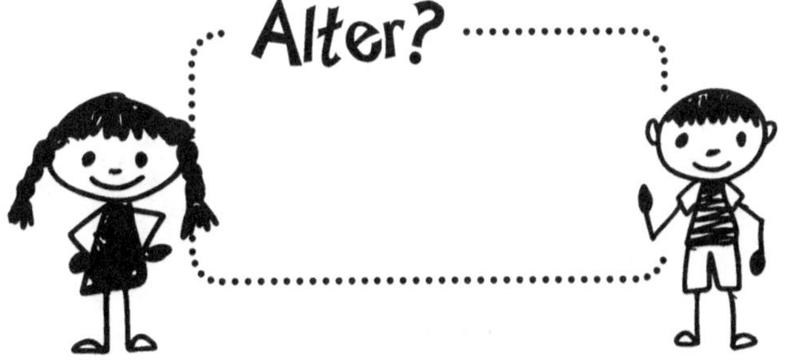

Wann und wo wurde es gesagt? _______________ Alter?

Wer hat es gehört? _______________________

,,

''

Wann und wo wurde es gesagt? _______________ Alter?

Wer hat es gehört? _______________________

,,

''

Wann und wo wurde es gesagt? _______________

Wer hat es gehört? _______________

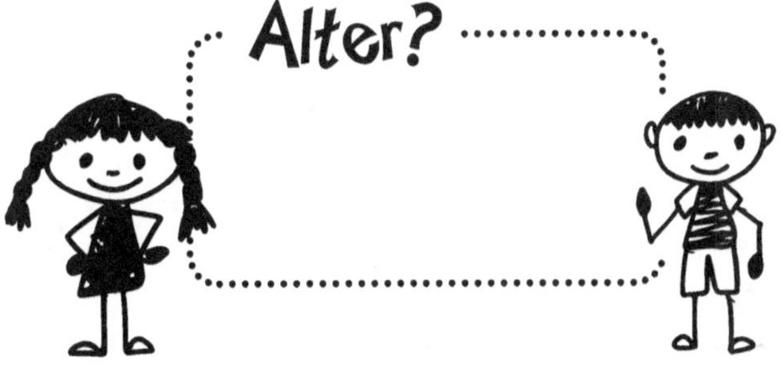

Alter?

Wann und wo wurde es gesagt? _______________ Alter?

Wer hat es gehört? _______________

"

"

Wann und wo wurde es gesagt? _______________ Alter?

Wer hat es gehört? _______________

"

"

Wann und wo wurde es gesagt? _______________

Wer hat es gehört? _______________

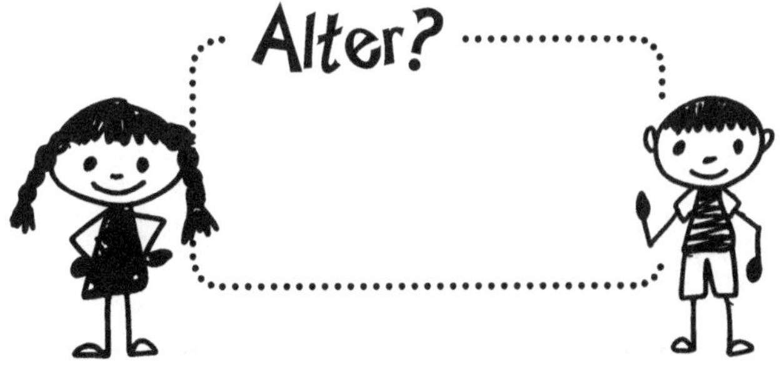

Wann und wo wurde es gesagt? _______________ Alter? ⋯⋯

Wer hat es gehört? _______________________

99

____

ee

Wann und wo wurde es gesagt? _______________ Alter? ⋯⋯

Wer hat es gehört? _______________________

99

____

ee

 Wann und wo wurde es gesagt? _______________

Wer hat es gehört? _______________

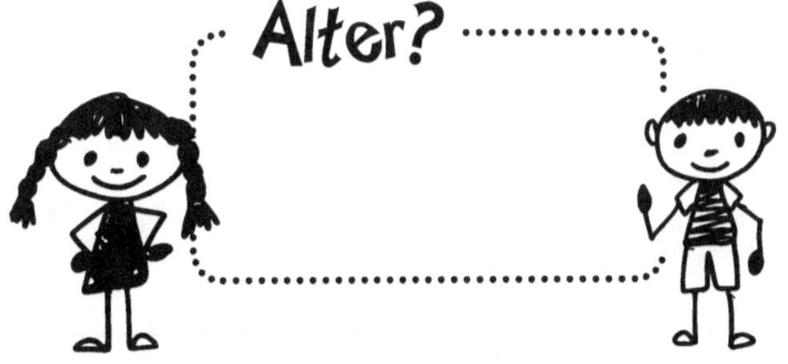

Wann und wo wurde es gesagt? _______________ Alter?

Wer hat es gehört? ___________________________

Wann und wo wurde es gesagt? _______________ Alter?

Wer hat es gehört? ___________________________

Wann und wo wurde es gesagt? _______________

Wer hat es gehört? _______________

Alter?

Wann und wo wurde es gesagt? _______________ Alter?

Wer hat es gehört? _______________

Wann und wo wurde es gesagt? _______________ Alter?

Wer hat es gehört? _______________

Wann und wo wurde es gesagt? _______________

Wer hat es gehört? _______________

Wann und wo wurde es gesagt? _______________ Alter?

Wer hat es gehört? ___________________

,,

""

Wann und wo wurde es gesagt? _______________ Alter?

Wer hat es gehört? ___________________

,,

""

Wann und wo wurde es gesagt? _______________

Wer hat es gehört? _______________

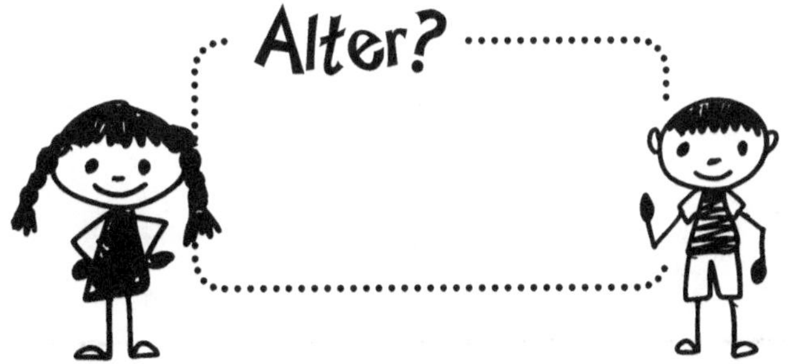

Wann und wo wurde es gesagt? _______________ Alter?

Wer hat es gehört? _______________

„

”

Wann und wo wurde es gesagt? _______________ Alter?

Wer hat es gehört? _______________

„

”

Wann und wo wurde es gesagt? _______________

Wer hat es gehört? _______________

Alter?

Wann und wo wurde es gesagt? _______________ Alter?

Wer hat es gehört? _____________________

Wann und wo wurde es gesagt? _______________ Alter?

Wer hat es gehört? _____________________

Wann und wo wurde es gesagt? _______________

Wer hat es gehört? _______________

Wann und wo wurde es gesagt? _______________ Alter?

Wer hat es gehört? _______________

„

"

Wann und wo wurde es gesagt? _______________ Alter?

Wer hat es gehört? _______________

„

"

Wann und wo wurde es gesagt? _______________

Wer hat es gehört? _______________

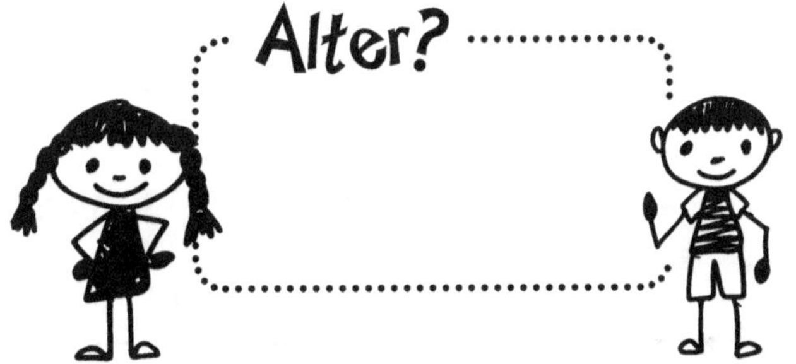

31

Wann und wo wurde es gesagt? _______________ Alter?

Wer hat es gehört? _______________

Wann und wo wurde es gesagt? _______________ Alter?

Wer hat es gehört? _______________

 Wann und wo wurde es gesagt? ________________

Wer hat es gehört? ________________________

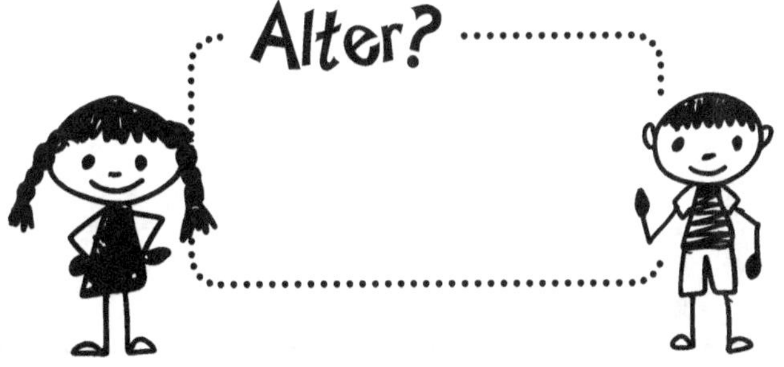

Wann und wo wurde es gesagt? _______________ Alter?

Wer hat es gehört? _____________________

>

Wann und wo wurde es gesagt? _______________ Alter?

Wer hat es gehört? _____________________

>

 Wann und wo wurde es gesagt? _______________

Wer hat es gehört? _______________

Wann und wo wurde es gesagt? _______________ Alter?

Wer hat es gehört? ___________________________

„

"

Wann und wo wurde es gesagt? _______________ Alter?

Wer hat es gehört? ___________________________

„

"

Wann und wo wurde es gesagt? _______________

Wer hat es gehört? _______________

Alter?

Wann und wo wurde es gesagt? _______________   Alter?

Wer hat es gehört? _____________________________

99

66

Wann und wo wurde es gesagt? _______________   Alter?

Wer hat es gehört? _____________________________

99

66

 Wann und wo wurde es gesagt? _______________

Wer hat es gehört? _______________

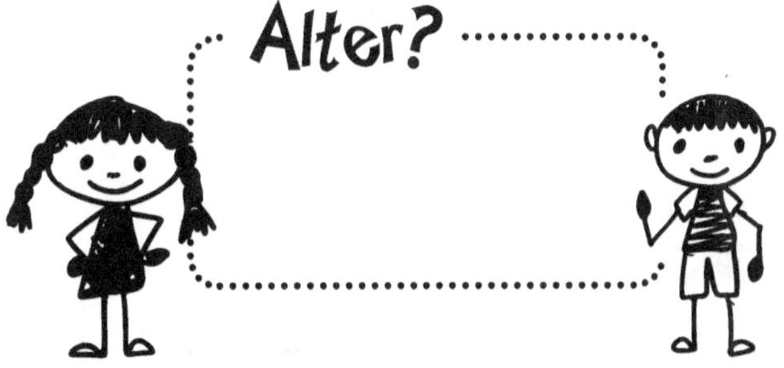

Wann und wo wurde es gesagt? _____________ Alter? ......

Wer hat es gehört? _____________________

99

____

Wann und wo wurde es gesagt? _____________ Alter? ......

Wer hat es gehört? _____________________

99

Wann und wo wurde es gesagt? _______________

Wer hat es gehört? _______________________

Alter?

Wann und wo wurde es gesagt? _______________ Alter?

Wer hat es gehört? _______________________

"

"

Wann und wo wurde es gesagt? _______________ Alter?

Wer hat es gehört? _______________________

"

"

Wann und wo wurde es gesagt? ________________

Wer hat es gehört? ________________

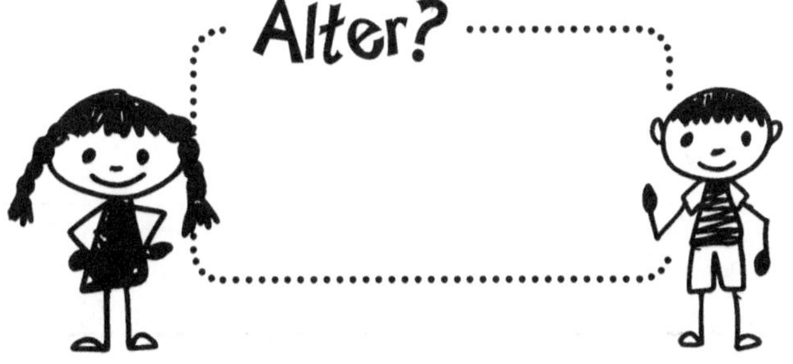

Wann und wo wurde es gesagt? _______________   Alter?

Wer hat es gehört? _______________

"

""

Wann und wo wurde es gesagt? _______________   Alter?

Wer hat es gehört? _______________

"

""

Wann und wo wurde es gesagt? _______________________

Wer hat es gehört? _______________________________

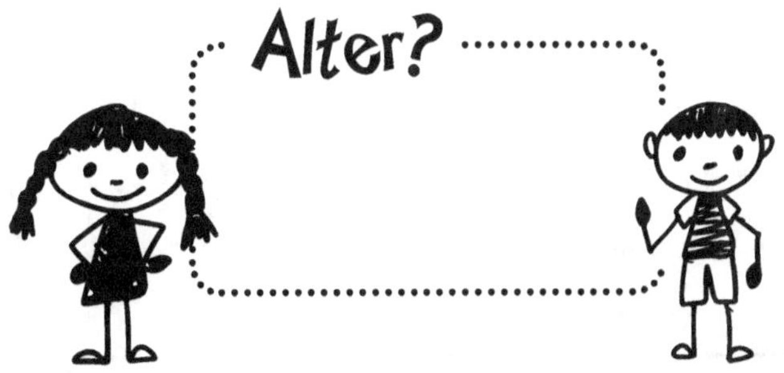

45

Wann und wo wurde es gesagt? _______________ Alter?

Wer hat es gehört? _______________________

„

"

Wann und wo wurde es gesagt? _______________ Alter?

Wer hat es gehört? _______________________

„

"

Wann und wo wurde es gesagt? _______________

Wer hat es gehört? _______________

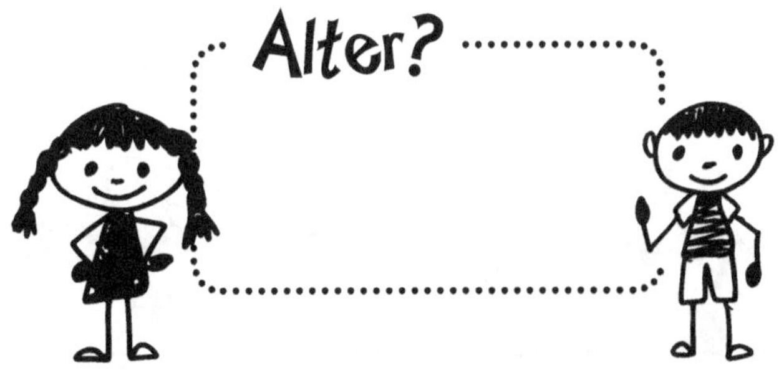

47

Wann und wo wurde es gesagt? _______________ Alter?

Wer hat es gehört? _______________________

99

66

Wann und wo wurde es gesagt? _______________ Alter?

Wer hat es gehört? _______________________

99

66

Wann und wo wurde es gesagt? _______________________

Wer hat es gehört? _________________________________

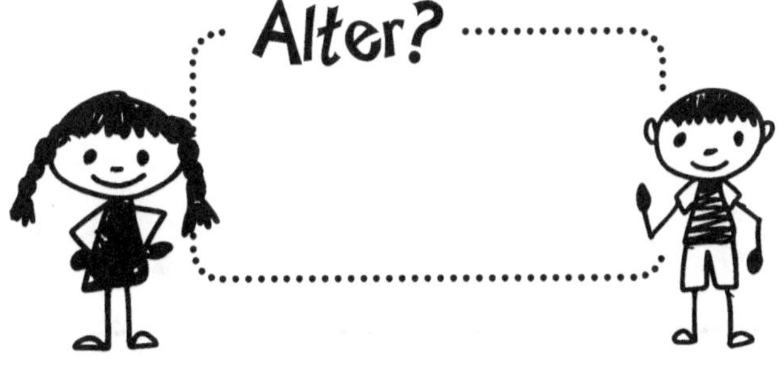

49

Wann und wo wurde es gesagt? _____________ Alter? ....

Wer hat es gehört? _____________________________

"

"

Wann und wo wurde es gesagt? _____________ Alter? ....

Wer hat es gehört? _____________________________

"

"

Wann und wo wurde es gesagt? _______________

Wer hat es gehört? _______________

Alter?

Wann und wo wurde es gesagt? _______________   Alter? _______

Wer hat es gehört? _________________________

> "

Wann und wo wurde es gesagt? _______________   Alter? _______

Wer hat es gehört? _________________________

Wann und wo wurde es gesagt? _______________
Wer hat es gehört? _______________

Alter?

Wann und wo wurde es gesagt? _______________ Alter?

Wer hat es gehört? _______________________

Wann und wo wurde es gesagt? _______________ Alter?

Wer hat es gehört? _______________________

Wann und wo wurde es gesagt? _______________

Wer hat es gehört? _______________

Wann und wo wurde es gesagt? _______________ Alter?

Wer hat es gehört? _____________________

"

"

Wann und wo wurde es gesagt? _______________ Alter?

Wer hat es gehört? _____________________

"

"

 Wann und wo wurde es gesagt? _______________________

Wer hat es gehört? ___________________________

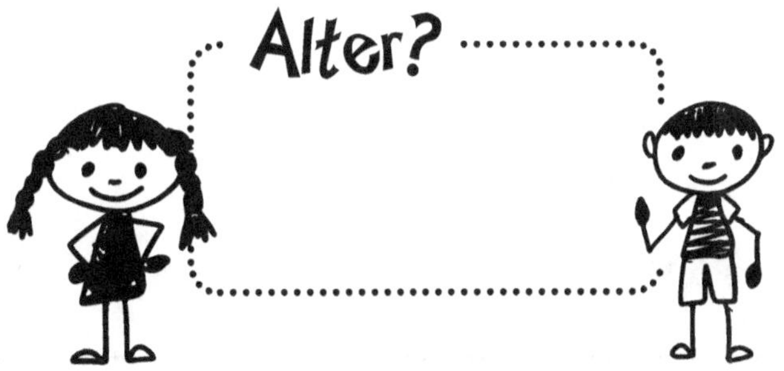

Wann und wo wurde es gesagt? _______________ Alter?

Wer hat es gehört? _______________________

„

"

Wann und wo wurde es gesagt? _______________ Alter?

Wer hat es gehört? _______________________

„

"

Wann und wo wurde es gesagt? ______________________

Wer hat es gehört? ______________________

Alter?

Wann und wo wurde es gesagt? _________________ Alter?

Wer hat es gehört? ___________________________

"

—————————————————————

"

Wann und wo wurde es gesagt? _________________ Alter?

Wer hat es gehört? ___________________________

"

—————————————————————

"

Wann und wo wurde es gesagt? _______________

Wer hat es gehört? _______________

Alter?

Wann und wo wurde es gesagt? _______________ Alter?

Wer hat es gehört? _______________

,,

"

Wann und wo wurde es gesagt? _______________ Alter?

Wer hat es gehört? _______________

,,

"

Wann und wo wurde es gesagt? _______________

Wer hat es gehört? _______________

Wann und wo wurde es gesagt? _______________ Alter? ______

Wer hat es gehört? _____________________

Wann und wo wurde es gesagt? _______________ Alter? ______

Wer hat es gehört? _____________________

Wann und wo wurde es gesagt? ________________________

Wer hat es gehört? ________________________

65

Wann und wo wurde es gesagt? _______________ Alter?

Wer hat es gehört? _______________________

"

"

Wann und wo wurde es gesagt? _______________ Alter?

Wer hat es gehört? _______________________

"

"

Wann und wo wurde es gesagt? _______________

Wer hat es gehört? _______________

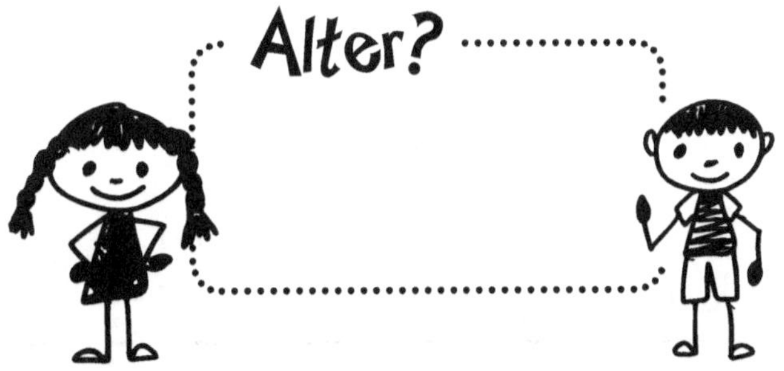

Wann und wo wurde es gesagt? _______________ Alter? _______

Wer hat es gehört? _____________________________

> "

Wann und wo wurde es gesagt? _______________ Alter? _______

Wer hat es gehört? _____________________________

> "

Wann und wo wurde es gesagt? _______________

Wer hat es gehört? _______________

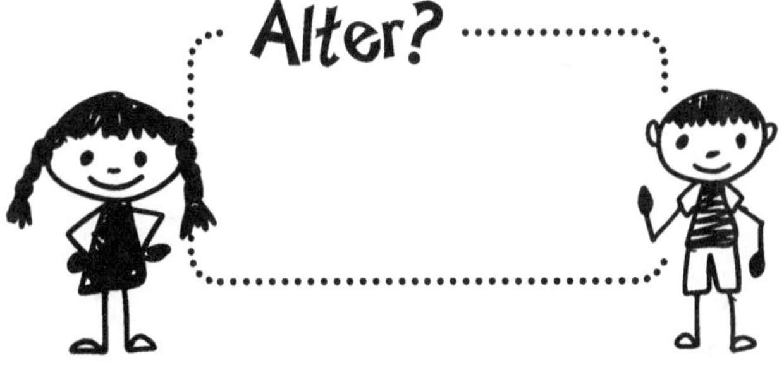

Wann und wo wurde es gesagt? _______________   Alter?

Wer hat es gehört? _______________

„

"

Wann und wo wurde es gesagt? _______________   Alter?

Wer hat es gehört? _______________

„

"

70

Wann und wo wurde es gesagt? _________________________

Wer hat es gehört? _________________________

Wann und wo wurde es gesagt? _______________ Alter?

Wer hat es gehört? _______________________

„

„

Wann und wo wurde es gesagt? _______________ Alter?

Wer hat es gehört? _______________________

„

„

Wann und wo wurde es gesagt? _______________

Wer hat es gehört? _______________

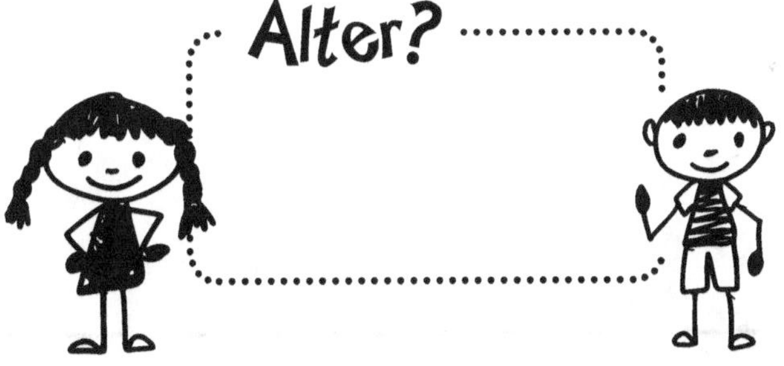

Alter?

Wann und wo wurde es gesagt? _______________   Alter?

Wer hat es gehört? _______________________

"

"

Wann und wo wurde es gesagt? _______________   Alter?

Wer hat es gehört? _______________________

"

"

Wann und wo wurde es gesagt? _______________

Wer hat es gehört? _______________

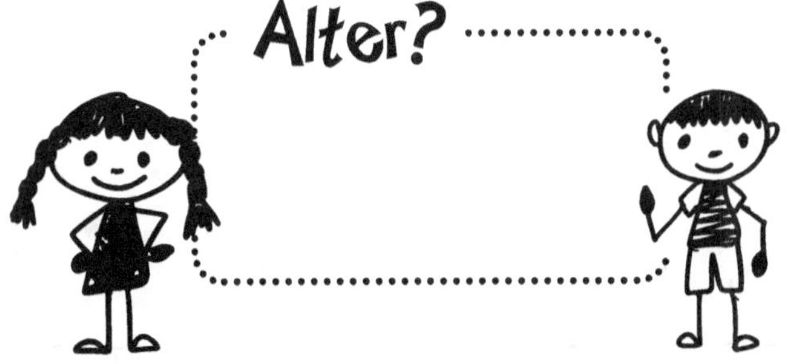

75

Wann und wo wurde es gesagt? _______________ Alter? ┄┄

Wer hat es gehört? _______________________

„

"

Wann und wo wurde es gesagt? _______________ Alter? ┄┄

Wer hat es gehört? _______________________

„

"

Wann und wo wurde es gesagt? _______________

Wer hat es gehört? _______________

Wann und wo wurde es gesagt? _____________   Alter?

Wer hat es gehört? _____________________

,,

>>

Wann und wo wurde es gesagt? _____________   Alter?

Wer hat es gehört? _____________________

,,

>>

Wann und wo wurde es gesagt? _______________
Wer hat es gehört? _______________

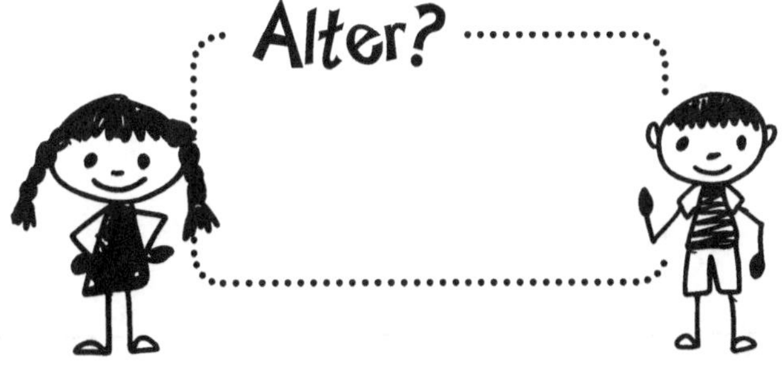

Alter?

Wann und wo wurde es gesagt? _______________ Alter?

Wer hat es gehört? _______________

"

"

Wann und wo wurde es gesagt? _______________ Alter?

Wer hat es gehört? _______________

"

"

 Wann und wo wurde es gesagt? _______________

Wer hat es gehört? _______________________

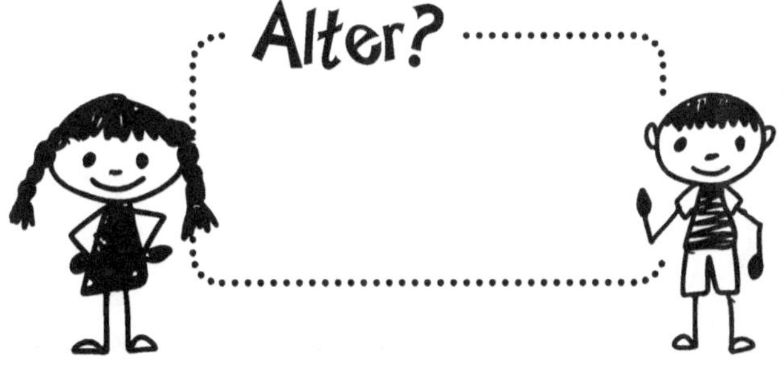

Wann und wo wurde es gesagt? ___________ Alter?

Wer hat es gehört? _____________________

Wann und wo wurde es gesagt? ___________ Alter?

Wer hat es gehört? _____________________

Wann und wo wurde es gesagt? _______________

Wer hat es gehört? _______________

83

Wann und wo wurde es gesagt? _______________ Alter?

Wer hat es gehört? _______________________

Wann und wo wurde es gesagt? _______________ Alter?

Wer hat es gehört? _______________________

Wann und wo wurde es gesagt? _______________

Wer hat es gehört? _______________

Wann und wo wurde es gesagt? _______________   Alter?

Wer hat es gehört? _______________________

"

"

Wann und wo wurde es gesagt? _______________   Alter?

Wer hat es gehört? _______________________

"

"

Wann und wo wurde es gesagt? _______________________

Wer hat es gehört? _______________________

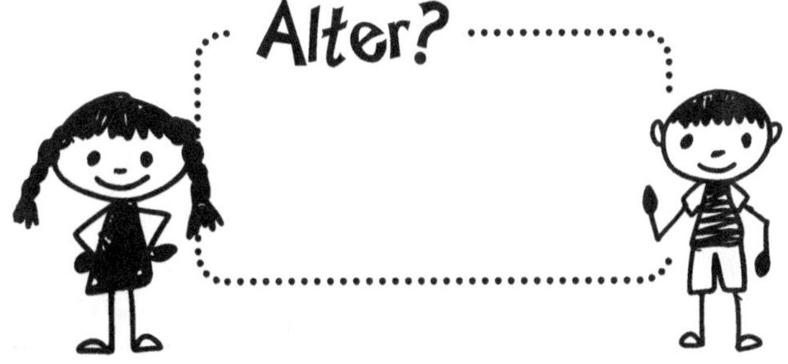

Wann und wo wurde es gesagt? _______________ Alter?

Wer hat es gehört? _______________________

„

“

Wann und wo wurde es gesagt? _______________ Alter?

Wer hat es gehört? _______________________

„

“

Wann und wo wurde es gesagt? _______________________

Wer hat es gehört? _______________________

89

Wann und wo wurde es gesagt? _______________ Alter?

Wer hat es gehört? _______________

„

"

Wann und wo wurde es gesagt? _______________ Alter?

Wer hat es gehört? _______________

„

"

Wann und wo wurde es gesagt? _______________

Wer hat es gehört? _______________

Wann und wo wurde es gesagt? _______________ Alter?

Wer hat es gehört? _____________________

"

,,

Wann und wo wurde es gesagt? _______________ Alter?

Wer hat es gehört? _____________________

"

,,

Wann und wo wurde es gesagt? _______________________

Wer hat es gehört? _______________________

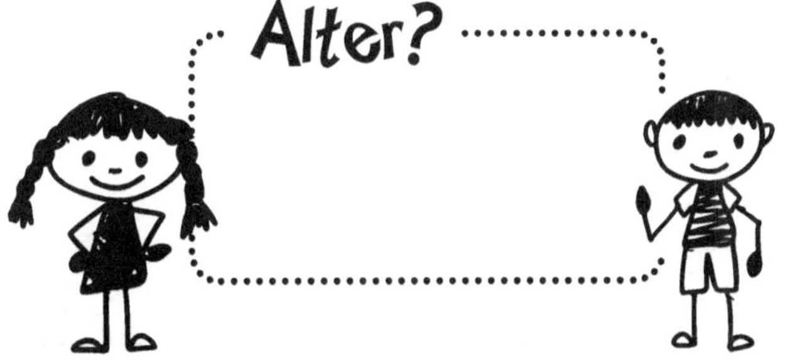

93

Wann und wo wurde es gesagt? _____________ Alter?

Wer hat es gehört? _____________________

,,

"

Wann und wo wurde es gesagt? _____________ Alter?

Wer hat es gehört? _____________________

,,

"

Wann und wo wurde es gesagt? _______________________

Wer hat es gehört? _______________________

Wann und wo wurde es gesagt? _____________   Alter?

Wer hat es gehört? _____________________

," "

Wann und wo wurde es gesagt? _____________   Alter?

Wer hat es gehört? _____________________

," "

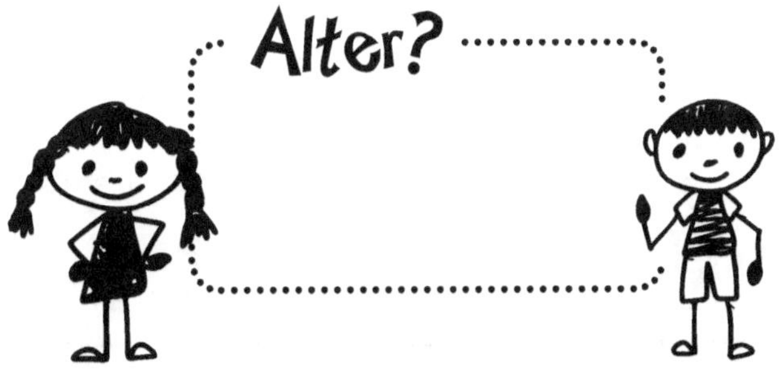

97

Wann und wo wurde es gesagt? ______________ Alter?

Wer hat es gehört? ______________

Wann und wo wurde es gesagt? ______________ Alter?

Wer hat es gehört? ______________

Wann und wo wurde es gesagt? ___________________

Wer hat es gehört? ___________________

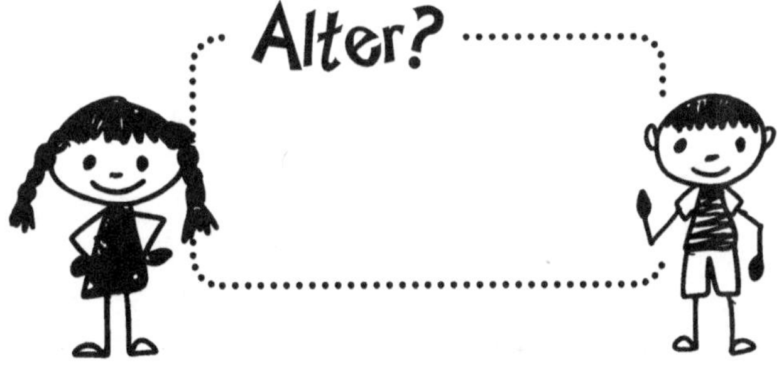

Alter?

Wann und wo wurde es gesagt? _______________ Alter?

Wer hat es gehört? _______________________

„

"

Wann und wo wurde es gesagt? _______________ Alter?

Wer hat es gehört? _______________________

„

"

Wann und wo wurde es gesagt? _______________

Wer hat es gehört? _______________

Wann und wo wurde es gesagt? _______________ Alter?

Wer hat es gehört? _______________________

„

"

Wann und wo wurde es gesagt? _______________ Alter?

Wer hat es gehört? _______________________

„

"

Wann und wo wurde es gesagt? _______________

Wer hat es gehört? _______________

,,

"

103

Wann und wo wurde es gesagt? _______________ Alter?

Wer hat es gehört? _______________

"

"

Wann und wo wurde es gesagt? _______________ Alter?

Wer hat es gehört? _______________

"

"